La boîte à outils du vendeur

Techniques de profilage psychologique pour
obtenir plus de ventes

Lucas Brunier

SOMMAIRE

SOMMAIRE 2

Clause de non-responsabilité 5

INTRODUCTION 8

Chapitre 1 : Comprendre la psychologie de la vente................14

    a. La psychologie de l'achat : découvrir le comportement du consommateur...14

    b. Le pouvoir de la persuasion : influencer la prise de décision .19

    c. Bâtir la confiance et la relation : la base de ventes réussies...24

Chapitre 2 : L'art de communiquer efficacement 30

    a. Maîtriser les techniques verbales : des mots qui font vendre 30

    b. L'avantage du langage corporel : signaux non verbaux et ventes 35

    c. Écouter avec intention : une écoute active pour de meilleures ventes 39

Chapitre 3 : Exploiter la science de l'influence 44

    a. Preuve sociale : tirer parti de la puissance des témoignages et des recommandations...44

    b. Le principe de rareté : créer de l'urgence pour augmenter les ventes 49

    c. Réciprocité : donner pour obtenir des ventes.......................53

Chapitre 4 : Maîtriser la tarification et la négociation...............58

    a. Ancrage et cadrage : stratégies de tarification pour un impact maximal 58

b. L'art de la négociation : des techniques gagnant-gagnant ...62

Chapitre 5 : Créer des présentations de vente convaincantes ...68

a. La narration pour le succès des ventes : la connexion émotionnelle...68
b. Utiliser des éléments visuels : Engager les sens....................72

Chapitre 6 : Utiliser les déclencheurs psychologiques en marketing 78

a. Créer des campagnes marketing convaincantes : la science de l'attention..78
b. Image de marque émotionnelle : forger des liens solides avec les clients 83

Chapitre 7 : Surmonter les difficultés de vente et les refus 88

a. Développer la résilience : gérer les revers de vente 88
b. Stratégies d'adaptation psychologique : transformer le non en oui..93

Chapitre 8 : Maîtriser l'art de la vente d'histoires 98

a. Le cadre de la vente d'histoires : structure et stratégie.........98
b. Créer un attrait émotionnel 102
c. Inspirer l'action : techniques d'appel à l'action pour la vente d'histoires 107

Chapitre 9 : Comprendre les biais décisionnels 112

a. Biais cognitifs et ventes : donner un coup de pouce au processus de prise de décision 112
b. Surmonter la paralysie de l'analyse : simplifier les choix 116

CONCLUSION 122

3

Clause de non-responsabilité

« Les insectes ne s'attaquent qu'aux lumières qui brillent »

Le présent texte est une Clause de non-responsabilité s'appliquant à l'intégralité de ce livre. Le lecteur est informé que l'ensemble du contenu de ce livre est fourni à titre non contractuel et strictement destiné à des fins purement informatives.

L'auteur de ce livre ne fournit aucune déclaration, aucun engagement ni aucune garantie d'aucune nature, implicite ou explicite, quant à l'exactitude, la véracité, la fiabilité, l'applicabilité, l'adéquation ou l'exhaustivité des informations présentes dans ce livre. Le contenu de ce livre est susceptible d'avoir été produit et ou traduit à l'aide de mécanismes automatisés. En aucun cas, l'auteur de ce livre ne saurait être tenu responsable de la présence d'imperfections, d'erreurs, d'omissions, ou de l'inexactitude du contenu proposé dans ce livre.

Aucune utilisation des informations présentes dans ce livre, de quelque manière que ce soit, ne saurait ouvrir droit à un quelconque dédommagement ou compensation quel qu'en soit sa nature.

L'auteur de ce livre ne saurait en aucun cas être tenu responsable, d'aucune manière, de tout dommage ou préjudice, de quelque nature que ce soit, direct ou indirect, lié ou non à la négligence, pouvant entre autres, découler de l'utilisation de quelque manière que ce soit des informations contenues dans ce livre, et ce, que l'auteur soit ou non avisé de la possibilité de tels dommages.

Le lecteur demeure, en toutes circonstances, le seul et l'unique responsable de l'utilisation et de l'interprétation des informations figurant dans le présent livre et des conséquences qui pourraient en découler.

Toute utilisation du contenu de ce livre de quelque manière que ce soit s'effectue aux risques et périls du lecteur uniquement et n'engage, en aucun cas, aucune responsabilité d'aucune sorte de l'auteur de ce livre.

Si le lecteur ne comprend pas un mot ou une phrase de la présente Clause de non-responsabilité, ou qu'il n'en accepte pas en partie ou pleinement les termes, il doit obligatoirement renoncer à toute utilisation de ce livre et s'engage à le supprimer ou le détruire sans délai.

INTRODUCTION

Bienvenue dans le monde de la persuasion psychologique, où l'art de vendre rencontre la science du comportement humain. Dans ce livre, nous embarquons pour un voyage passionnant dans le domaine fascinant de la psychologie de la vente, explorant les techniques et les stratégies qui peuvent élever votre jeu de vente à des sommets sans précédent.

Dans le paysage commercial dynamique et concurrentiel d'aujourd'hui, la vente a évolué au-delà des simples transactions ; c'est devenu une forme d'art, une danse délicate pour comprendre et influencer l'esprit des consommateurs. Pour être un professionnel de la vente prospère, il ne suffit plus de compter uniquement sur le charme, la connaissance des produits ou les méthodes de vente traditionnelles. Au lieu de cela, nous devons nous plonger dans les rouages complexes de la psyché humaine, découvrir les moteurs de la prise de décision et apprendre à nous connecter avec nos clients à un niveau émotionnel plus profond.

La persuasion psychologique ne concerne pas la manipulation ou les tactiques trompeuses. Il s'agit d'établir des relations authentiques, de favoriser la confiance et d'élaborer des récits convaincants qui résonnent dans le cœur et l'esprit de nos prospects. Le fondement de notre approche réside dans la vente éthique - en utilisant des techniques psychologiques de manière responsable et empathique pour aider nos clients à prendre des décisions éclairées qui leur profitent.

Tout au long de ce livre, nous explorerons une multitude de principes psychologiques, d'idées et d'applications pratiques qui vous permettront d'exceller dans l'art de la vente. Chaque chapitre est soigneusement structuré pour vous guider à travers les aspects essentiels du processus de vente, offrant des étapes concrètes et des exemples concrets pour renforcer votre compréhension.

Nous commencerons par démêler la psychologie de la vente, en nous plongeant dans les subtilités du comportement du consommateur et la science de la persuasion. Forts de ces connaissances, nous plongerons ensuite dans l'art de la communication efficace, où vous découvrirez le pouvoir des mots, du langage corporel et de l'écoute active pour influencer vos prospects.

Comprendre la science de l'influence est vital pour tout vendeur, car nous explorons les principes de preuve sociale, de rareté et de réciprocité - des déclencheurs psychologiques qui peuvent avoir un impact significatif sur les décisions d'achat. Au fur et à mesure que vous avancez, vous apprendrez la psychologie de la tarification et de la négociation, vous dotant de stratégies pour naviguer dans les discussions sur les prix et gérer les objections comme un pro.

Réaliser des présentations de vente convaincantes est un art en soi, et nous vous aiderons à le maîtriser. Des techniques de narration à l'utilisation de visuels et de multimédia, vous comprendrez comment captiver votre public et laisser une impression durable.

En plus des ventes ponctuelles, nous reconnaissons l'immense valeur de l'établissement de relations durables avec nos clients. Les chapitres consacrés au marketing relationnel et au service client vous montreront comment transformer les clients en défenseurs fidèles, créant ainsi un écosystème commercial durable.

De plus, nous explorerons la puissance des déclencheurs psychologiques dans le marketing, en comprenant comment des campagnes marketing efficaces peuvent tirer parti de la psychologie humaine pour capter l'attention et inciter à l'action.

Pour surmonter les défis inévitables de la vente, nous nous intéresserons au développement de la résilience émotionnelle, à la gestion du rejet et à la transformation des revers en tremplins vers le succès.

Tout au long de ce parcours, nous mettrons également l'accent sur l'importance des pratiques de vente éthiques, en veillant à ce que nos efforts de vente s'alignent sur l'intégrité et l'empathie, en favorisant une confiance à long terme avec les clients.

Enfin, nous aborderons l'avenir de la psychologie de la vente, en explorant comment les progrès technologiques, tels que l'automatisation et l'intelligence artificielle, s'entremêlent avec le contact humain, et comment la croissance continue et l'amélioration de soi sont essentielles pour prospérer dans un paysage en constante évolution.

Êtes-vous prêt à vous lancer dans ce voyage transformationnel dans l'art de la persuasion psychologique ? Que vous soyez un professionnel de la vente chevronné cherchant à affiner vos compétences ou un vendeur en herbe cherchant à bâtir une base solide, ce livre est conçu pour répondre à vos besoins. Alors, commençons cette exploration exaltante de la psychologie de la vente, où la maîtrise de l'état d'esprit débloquera la clé du succès des ventes !

Chapitre 1 : Comprendre la psychologie de la vente

a. La psychologie de l'achat : découvrir le comportement du consommateur

Le comportement du consommateur est un domaine d'étude à multiples facettes qui examine les processus psychologiques et les facteurs sous-jacents qui influencent les décisions d'achat des individus. Comprendre la psychologie de l'achat est essentiel pour les entreprises qui souhaitent adapter efficacement leurs stratégies marketing et favoriser des liens solides avec leurs consommateurs cibles. De nombreux facteurs internes et externes entrent en jeu lorsque les consommateurs prennent des décisions d'achat, englobant des dimensions cognitives, émotionnelles et sociales.

Les processus cognitifs sont fondamentaux pour la prise de décision des consommateurs, impliquant les activités mentales que les individus entreprennent pour recueillir, traiter et évaluer les informations avant de faire un achat. La recherche d'informations est un processus cognitif important, où les consommateurs recherchent activement des informations pour évaluer les attributs du produit et évaluer les alternatives. Par exemple, un consommateur à la recherche d'un nouvel ordinateur portable peut passer un temps considérable à rechercher différentes marques, à comparer les spécifications et à lire les critiques en ligne pour faire un choix éclairé. L'évaluation des critères constitue également un élément crucial de la prise de décision cognitive, car les consommateurs accordent la priorité à des attributs spécifiques qui correspondent à leurs besoins et préférences.

En plus des processus cognitifs, les émotions jouent un rôle important dans la formation du comportement des consommateurs. Les émotions peuvent avoir un impact significatif sur les décisions d'achat et la perception de la marque. Les entreprises utilisent souvent des techniques de marketing émotionnel pour évoquer des sentiments positifs associés à leurs produits ou à leur marque. Par exemple, une publicité réconfortante mettant en scène des liens familiaux peut susciter une résonance émotionnelle et favoriser un sentiment de connexion avec la marque, amenant les consommateurs à former des associations positives avec le produit. De plus, les émotions négatives, telles que la peur ou l'anxiété, peuvent inciter les consommateurs à prendre des décisions d'achat pour atténuer l'inconfort ou se protéger des risques potentiels.

Les facteurs sociaux et culturels exercent également une forte influence sur le comportement des consommateurs. Les influences sociales, telles que les groupes de référence et la famille, peuvent façonner les attitudes et les habitudes de consommation des individus. Les consommateurs peuvent chercher à se conformer aux préférences de leur cercle social ou aspirer à adopter le mode de vie d'un groupe de référence particulier. Par exemple, un adolescent peut acheter une marque particulière de baskets parce que sa célébrité préférée l'approuve, s'alignant sur les valeurs et le style de sa silhouette admirée. De plus, les normes culturelles, les valeurs et les traditions peuvent avoir un impact sur les décisions d'achat. L'importance culturelle des cadeaux pendant les vacances, par exemple, peut entraîner une augmentation des dépenses de consommation pendant les périodes de fêtes.

Les stratégies de marketing et de publicité jouent un rôle crucial pour influencer le comportement des consommateurs. Des messages persuasifs, des visuels attrayants et une narration bien conçue peuvent influencer les perceptions des consommateurs et déclencher un comportement d'achat. Les entreprises utilisent souvent des techniques psychologiques, telles que la rareté, la preuve sociale et les mentions de célébrités, pour stimuler la demande et créer un sentiment d'urgence chez les consommateurs. Par exemple, des offres à durée limitée ou des offres exclusives peuvent déclencher la peur de manquer quelque chose (FOMO) chez les consommateurs, encourageant une action immédiate.

Cependant, si la compréhension du comportement des consommateurs est essentielle pour les entreprises, les considérations éthiques doivent être au premier plan. L'utilisation de tactiques manipulatrices ou trompeuses pour influencer les décisions des consommateurs est contraire à l'éthique et peut éroder la confiance entre les entreprises et leurs clients. Les praticiens doivent équilibrer leur connaissance du comportement des consommateurs avec des pratiques de marketing responsables et transparentes qui accordent la priorité au bien-être des consommateurs. En adhérant aux principes éthiques, les spécialistes du marketing peuvent favoriser des relations durables avec les consommateurs basées sur la confiance et l'authenticité, garantissant ainsi un succès durable sur le marché.

b. Le pouvoir de la persuasion : influencer la prise de décision

La persuasion est un outil psychologique puissant qui joue un rôle central pour influencer les processus de prise de décision. C'est l'art de contraindre les individus à adopter des croyances, des attitudes ou des actions spécifiques grâce à une communication stratégique et à la manipulation de principes psychologiques. Comprendre les mécanismes derrière la persuasion est de la plus haute importance pour les spécialistes du marketing, les annonceurs et les professionnels de la vente, car cela leur permet d'élaborer des messages et des stratégies convaincants qui résonnent auprès de leurs publics cibles.

L'un des principes fondamentaux de la persuasion est l'utilisation de la preuve sociale. La preuve sociale est un phénomène psychologique dans lequel les individus se tournent vers les actions et les comportements des autres pour guider leurs propres décisions. Lorsque les gens ne savent pas quoi faire ou choisir, ils ont tendance à suivre la foule ou à rechercher la validation des autres. Par exemple, les critiques et les témoignages en ligne sont de puissantes formes de preuve sociale. Les avis positifs de clients satisfaits peuvent influencer la perception des acheteurs potentiels et inspirer confiance dans le produit ou le service.

La réciprocité est une autre technique de persuasion puissante qui tire parti de la tendance humaine à rendre des faveurs. Lorsque quelqu'un fait quelque chose de gentil ou d'utile pour nous, nous ressentons une tendance naturelle à rendre le geste réciproque. Dans le marketing et les ventes, ce principe peut être appliqué en offrant des échantillons gratuits, des essais ou du contenu précieux aux clients potentiels. Lorsque les individus reçoivent quelque chose de valeur sans aucune obligation directe, ils peuvent se sentir plus enclins à rendre la pareille en effectuant un achat ou en s'engageant avec la marque.

Le principe de rareté est une technique persuasive qui puise dans la peur de passer à côté (FOMO). Lorsque les gens pensent qu'une opportunité ou un produit est limité ou rare, ils sont plus susceptibles de prendre des mesures immédiates pour éviter de perdre cette opportunité. Les offres à durée limitée, les offres exclusives et la rareté des produits sont des tactiques couramment utilisées pour créer un sentiment d'urgence et encourager une prise de décision rapide. Les détaillants utilisent souvent des expressions telles que "stock limité" ou "édition limitée" pour déclencher le principe de rareté.

En plus des facteurs externes, la persuasion peut également être influencée par des biais cognitifs. Un biais important est l'effet d'ancrage, où les individus s'appuient fortement sur la première information qu'ils reçoivent lorsqu'ils prennent des décisions. Les spécialistes du marketing peuvent utiliser cela à leur avantage en présentant stratégiquement des informations pour ancrer les perceptions des consommateurs en faveur de leurs produits ou services. Par exemple, indiquer un prix d'origine plus élevé pour un produit avant de proposer un prix réduit peut créer une perception favorable de la valeur de l'offre.

Un autre biais cognitif pertinent pour la persuasion est l'effet de cadrage. Ce biais se produit lorsque les gens réagissent différemment à la même information présentée de différentes manières. Par exemple, les consommateurs peuvent réagir plus favorablement à un produit décrit comme "90 % sans matières grasses" par rapport à un produit étiqueté "10 % de matières grasses". La formulation de messages en termes positifs peut influencer les perceptions et les attitudes des consommateurs à l'égard d'un produit ou d'un service.

L'art de la persuasion implique également de comprendre les différences individuelles et d'adapter les messages en conséquence. Différents traits de personnalité, valeurs et croyances peuvent influencer la façon dont les gens réagissent aux tentatives de persuasion. Par exemple, certaines personnes peuvent être plus motivées par la promesse d'un gain ou d'un avantage personnel, tandis que d'autres peuvent être plus sensibles aux messages qui correspondent à leurs valeurs ou à leur image de soi. Les spécialistes du marketing peuvent segmenter leur public cible en fonction de ces différences individuelles pour diffuser des messages plus personnalisés et plus persuasifs.

c. Bâtir la confiance et la relation : la base de ventes réussies

La confiance et le rapport sont des éléments essentiels dans le processus de vente, formant le fondement sur lequel se construisent des relations commerciales fructueuses. Établir un sentiment de confiance avec les clients potentiels est crucial pour les professionnels de la vente qui cherchent à créer des liens durables et à favoriser la fidélisation des clients. La confiance est la confiance et la conviction qu'un vendeur ou une marque agira dans le meilleur intérêt du client, garantissant une expérience positive tout au long du parcours de vente.

L'intégrité est l'un des éléments clés de l'établissement de la confiance. Les professionnels de la vente doivent faire preuve d'honnêteté et de transparence dans leurs interactions avec les clients. Des allégations de produit trompeuses ou exagérées peuvent éroder la confiance et ternir la réputation d'une marque. D'un autre côté, être franc sur les limites du produit ou les inconvénients potentiels peut renforcer la crédibilité et établir une base de confiance. Par exemple, un vendeur de voitures qui divulgue ouvertement l'historique d'une voiture d'occasion, y compris tout accident ou réparation antérieur, fait preuve d'intégrité, ce qui peut influencer positivement le processus de prise de décision du client.

L'écoute active est un autre aspect essentiel de l'établissement de relations de confiance. Lorsque les professionnels de la vente écoutent véritablement les besoins, les préoccupations et les préférences de leurs clients, ils signalent que leur objectif principal est de trouver la meilleure solution pour le client, plutôt que de pousser une vente. L'écoute empathique permet aux vendeurs de comprendre les points faibles de leurs clients et d'adapter leur approche en conséquence. Par exemple, un client à la recherche d'un nouvel ordinateur portable peut avoir des exigences spécifiques pour son travail ou son usage personnel. En écoutant attentivement ces besoins, un vendeur peut recommander un produit répondant précisément à ces exigences, renforçant la confiance du client dans l'expertise du vendeur.

La cohérence est un facteur crucial dans l'établissement de relations de confiance. Les clients doivent être sûrs que les promesses faites par un vendeur seront tenues tout au long du processus de vente et au-delà. Le respect des engagements, le respect des délais et la fourniture d'un service exceptionnel contribuent tous à créer un sentiment de fiabilité et de fiabilité. Une expérience de vente cohérente et fiable renforce la confiance et encourage les clients à revenir pour de futurs achats et à recommander la marque à d'autres.

La crédibilité fait partie intégrante de l'établissement de la confiance. Les professionnels de la vente doivent s'imposer comme des experts dans leur domaine, capables d'offrir des idées et des recommandations précieuses. La démonstration de l'expertise par la connaissance des produits et les connaissances de l'industrie instille la confiance dans la décision du client de s'engager avec le vendeur. De plus, la présentation d'histoires de réussite passées et de témoignages de clients peut encore renforcer la crédibilité. Par exemple, un conseiller financier qui présente un bilan de portefeuilles d'investissement réussis et de clients satisfaits est susceptible de gagner la confiance des investisseurs potentiels.

Au-delà de la crédibilité, établir une relation avec les clients est tout aussi vital. Le rapport est la connexion et la compréhension mutuelle qui se développent entre un vendeur et un client. Cela implique de trouver un terrain d'entente, d'établir une relation positive et de favoriser un environnement confortable et convivial. L'établissement d'un rapport peut être réalisé par une conversation informelle, en trouvant des intérêts communs ou en démontrant une attention et une préoccupation sincères pour les besoins du client. Un rapport positif aide les clients à se sentir plus à l'aise et ouverts au processus de vente.

L'empathie est un outil puissant pour établir la confiance et établir des relations. Les professionnels de la vente qui font preuve d'empathie montrent qu'ils comprennent et se soucient véritablement des situations et des défis uniques de leurs clients. En reconnaissant et en validant les sentiments du client, un vendeur peut créer un sentiment de connexion et de confiance. Par exemple, un représentant commercial en soins de santé qui comprend les défis auxquels sont confrontés les professionnels de la santé et qui démontre une compréhension de leurs besoins spécifiques peut établir une relation solide avec des clients potentiels.

Chapitre 2 : L'art de communiquer efficacement

a. Maîtriser les techniques verbales : des mots qui font vendre

Dans l'art de la vente, la communication verbale est un outil puissant qui peut avoir un impact significatif sur le succès d'un vendeur. La maîtrise des techniques verbales, notamment l'utilisation de mots qui vendent, est essentielle pour les professionnels de la vente qui cherchent à influencer et persuader efficacement les clients potentiels. La communication verbale comprend non seulement le contenu du message, mais aussi le ton, le rythme et le style de livraison. Utiliser les bons mots peut évoquer des émotions, établir des relations et, en fin de compte, mener à des résultats de vente fructueux.

L'une des techniques verbales fondamentales dans la vente est l'utilisation d'un langage persuasif. Les professionnels de la vente utilisent souvent des mots qui déclenchent des émotions positives et transmettent de la valeur au client. Au lieu de simplement énumérer les caractéristiques du produit, les vendeurs efficaces se concentrent sur les avantages et les résultats auxquels les clients peuvent s'attendre. Par exemple, l'utilisation d'expressions telles que « améliorer l'efficacité » ou « augmenter la productivité » plutôt que de simplement mentionner les spécifications techniques peut mieux faire écho auprès des clients, en soulignant les avantages qu'ils peuvent gagner.

Le langage émotionnel est une autre technique verbale puissante qui puise dans les sentiments et les désirs des clients. En utilisant des mots qui suscitent des émotions, les vendeurs peuvent créer une connexion plus profonde avec leur public. Par exemple, un agent d'assurance peut utiliser des mots comme « tranquillité d'esprit » et « sécurité » lorsqu'il discute des options de couverture, dans le but de répondre au besoin sous-jacent de sécurité et de protection du client.

L'établissement de relations grâce à des techniques verbales est essentiel pour établir une relation positive avec des clients potentiels. Les professionnels de la vente peuvent utiliser des techniques d'écoute active et de miroir pour montrer un véritable intérêt et de l'empathie envers les besoins et les préoccupations des clients. L'utilisation d'expressions telles que « Je comprends ce que vous ressentez » ou « Je peux voir pourquoi c'est important pour vous » transmet de l'empathie et renforce la confiance.

De plus, l'utilisation de mots puissants peut créer un sentiment d'urgence et encourager une action immédiate. Ces mots incitent les clients à prendre des décisions rapidement et évitent la procrastination. Des exemples de mots puissants incluent « offre à durée limitée », « offre exclusive » ou « agissez maintenant ». Lorsqu'ils sont utilisés de manière appropriée, ces mots peuvent déclencher la peur de manquer quelque chose (FOMO) et motiver les clients à profiter de l'opportunité.

Une narration efficace est une technique verbale qui peut capter l'attention des clients et rendre un argumentaire de vente plus mémorable. Les professionnels de la vente peuvent utiliser des récits pour illustrer comment leur produit ou service a eu un impact positif sur d'autres clients ou résolu des problèmes spécifiques. En peignant une image vivante avec des mots, les vendeurs peuvent engager l'imagination et les émotions du client, rendant le message plus convaincant.

L'utilisation d'un langage positif et de déclarations affirmatives est cruciale dans la persuasion verbale. Au lieu de se concentrer sur ce qui manque à un produit ou à un service, les professionnels de la vente mettent en avant ses forces et ses avantages. Des phrases comme "Vous allez adorer la façon dont ce produit améliore votre routine quotidienne" ou "Ce service vous fera gagner du temps et de l'argent" soulignent les aspects positifs et résonnent avec les aspirations des clients.

Enfin, les techniques verbales doivent intégrer un appel à l'action pour inciter les clients à franchir l'étape souhaitée. Les professionnels de la vente peuvent utiliser des expressions telles que "Commencez dès aujourd'hui", "Contactez-nous maintenant" ou "Prendre rendez-vous" pour guider les clients vers la prochaine étape du processus de vente. Un appel à l'action bien conçu crée un sens de l'orientation et du but, encourageant les clients à prendre une décision rapidement.

b. L'avantage du langage corporel : signaux non verbaux et ventes

Une communication efficace va au-delà de l'interaction verbale. Les signaux non verbaux, en particulier le langage corporel, jouent un rôle central dans l'influence des perceptions des clients, l'établissement de relations et l'obtention de bons résultats de vente. Les signaux non verbaux, tels que les expressions faciales, les gestes, la posture et le contact visuel, peuvent transmettre des émotions, des intentions et de la confiance, ajoutant de la profondeur et des nuances au processus de vente.

Les expressions faciales sont de puissants signaux non verbaux qui communiquent une mine d'informations. Un sourire sincère peut établir une atmosphère positive et accueillante, mettant les clients à l'aise. À l'inverse, un sourcil froncé ou un froncement de sourcils peut signaler un malaise ou une désapprobation, entravant une communication efficace. Les professionnels de la vente qui maintiennent une expression faciale chaleureuse et accessible créent un environnement propice au dialogue ouvert et à la réceptivité.

Les gestes servent d'aides visuelles dans les interactions de vente, accentuant la communication verbale et renforçant les points clés. Des gestes ciblés et contrôlés peuvent aider à souligner les avantages ou les caractéristiques du produit, rendant le message plus engageant et mémorable pour les clients. Par exemple, un vendeur démontrant la taille d'un produit avec ses mains ou présentant la fonctionnalité d'un produit par des gestes peut améliorer la compréhension et susciter l'intérêt des clients.

La posture joue un rôle crucial dans la projection de la confiance et de l'autorité. Une posture droite et détendue dégage de l'assurance, tandis que s'affaler ou s'agiter peut exprimer un manque de confiance ou de professionnalisme. Maintenir une posture forte et attentive lors des présentations de vente ou des interactions instille un sentiment de confiance et de crédibilité dans l'esprit du client.

Le contact visuel est un puissant signal non verbal qui favorise la connexion et l'attention. Maintenir un contact visuel approprié avec les clients démontre un engagement actif et un intérêt pour leurs besoins et leurs préoccupations. Cependant, un contact visuel excessif ou trop intense peut être perçu comme agressif ou intrusif. Trouver le bon équilibre dans le maintien du contact visuel est essentiel pour établir une relation et établir un environnement confortable pour les discussions de vente.

L'espace personnel, ou proxémie, est un autre aspect de la communication non verbale qui peut avoir un impact sur le processus de vente. Le respect de l'espace personnel des clients est primordial pour éviter un inconfort ou un sentiment d'intrusion. Les professionnels de la vente doivent être attentifs à une proximité appropriée, permettant aux clients de se sentir à l'aise et à l'aise lors des interactions.

Le miroir est une technique non verbale qui consiste à imiter subtilement le langage corporel et le comportement du client. Lorsqu'il est fait avec tact, le miroir peut créer un sentiment de familiarité et de connexion, favorisant les relations et la confiance. Par exemple, si un client parle calmement et fait des gestes avec ses mains, le vendeur peut refléter ces comportements pour établir un sentiment d'alignement.

Les indices non verbaux peuvent également aider les professionnels de la vente à évaluer les réponses des clients et à ajuster leur approche en conséquence. Prêter attention au langage corporel des clients peut révéler des informations précieuses sur leur niveau d'intérêt, d'engagement ou d'hésitation. Des signes subtils d'inconfort ou d'incertitude peuvent inciter le vendeur à fournir des informations supplémentaires ou à répondre aux préoccupations de manière proactive.

c. Écouter avec intention : une écoute active pour de meilleures ventes

Dans le monde des ventes, une communication efficace est un processus à double sens qui implique non seulement de transmettre des informations, mais aussi d'écouter activement les besoins et les préoccupations des clients. L'écoute attentive, également connue sous le nom d'écoute active, est une compétence essentielle qui permet aux professionnels de la vente de comprendre les exigences des clients, d'établir des relations et d'adapter leur approche pour répondre aux besoins individuels. L'écoute active va au-delà de l'audition passive ; il s'agit d'être pleinement présent, attentif et réactif lors des interactions commerciales.

L'un des éléments clés de l'écoute active est d'accorder au client une attention sans faille. Lorsqu'ils s'engagent dans des discussions de vente, les professionnels de la vente doivent s'abstenir de toute distraction, comme consulter leurs e-mails ou regarder leur téléphone. Fournir une attention complète indique que les besoins du client sont valorisés, favorisant un environnement de vente positif et respectueux.

De plus, la paraphrase et la clarification sont des techniques d'écoute active essentielles. Paraphraser consiste à reformuler les déclarations du client dans les propres mots du vendeur pour confirmer sa compréhension et démontrer son empathie. Par exemple, un client peut exprimer des inquiétudes quant à la compatibilité d'un produit avec sa configuration existante. Le vendeur peut paraphraser la préoccupation en disant : "Si je comprends bien, vous vous demandez si le produit s'intégrera sans problème à votre système actuel." Cela montre au client que ses pensées sont bien comprises et reconnues.

L'écoute réflexive est une autre technique puissante d'écoute active. Cela implique de reconnaître et de valider les émotions des clients, même si leurs sentiments peuvent différer du point de vue du vendeur. Lorsqu'un client exprime de la frustration ou de l'insatisfaction, le vendeur peut répondre avec empathie, en disant quelque chose comme : "Je peux comprendre pourquoi vous pourriez vous sentir frustré. Travaillons ensemble pour trouver une solution qui réponde à vos préoccupations." Cette approche aide à établir un rapport et une confiance avec le client, montrant que ses émotions sont reconnues et respectées.

Les questions ouvertes sont un moyen efficace d'encourager les clients à mieux s'exprimer. En posant des questions qui nécessitent plus qu'une simple réponse par oui ou par non, les professionnels de la vente peuvent obtenir des informations précieuses sur les préférences, les points faibles et les besoins spécifiques des clients. Par exemple, un vendeur vendant des assurances pourrait demander : "Pouvez-vous m'en dire plus sur ce que vous recherchez dans une police d'assurance ? Quels sont les facteurs les plus importants pour vous ?" Les questions ouvertes permettent aux clients de fournir des réponses détaillées, fournissant au vendeur des informations précieuses pour adapter son offre en conséquence.

Le silence est un aspect essentiel de l'écoute active. Autoriser des moments de silence après qu'un client a parlé lui donne le temps de rassembler ses pensées et de continuer à partager des informations. Certains clients peuvent avoir besoin de quelques secondes pour traiter leurs sentiments ou exprimer leurs besoins, et interrompre ou remplir le silence prématurément peut inhiber ce processus. Adopter le silence dans la conversation de vente peut conduire à des informations plus approfondies et à un échange plus significatif.

De plus, résumer les points clés de la conversation est une étape cruciale de l'écoute active. Vers la fin de la discussion, le vendeur peut récapituler les principaux sujets abordés pour s'assurer que les deux parties sont sur la même longueur d'onde. Cela réaffirme les préoccupations et les besoins du client tout en offrant la possibilité d'aborder tous les points qui pourraient nécessiter des éclaircissements supplémentaires.

Chapitre 3 : Exploiter la science de l'influence

a. Preuve sociale : tirer parti de la puissance des témoignages et des recommandations

Dans le domaine du marketing et des ventes, la preuve sociale est un phénomène psychologique qui joue un rôle important en influençant le comportement des consommateurs. La preuve sociale fait référence à la tendance des individus à se fier aux actions et aux opinions des autres lors de la prise de décisions. Tirer parti de la puissance des témoignages et des références est une approche stratégique qui exploite la preuve sociale pour renforcer la confiance, la crédibilité et la réputation de la marque.

Les témoignages sont des outils puissants dans le marketing de la preuve sociale. Ce sont des recommandations écrites ou orales de clients satisfaits qui partagent leurs expériences positives avec un produit ou un service. Les témoignages peuvent être présentés sous forme de citations écrites sur un site Web, de témoignages vidéo ou présentés dans des supports marketing. En mettant en valeur des expériences réelles et les avantages tangibles dont les clients ont bénéficié, les témoignages offrent aux acheteurs potentiels des preuves de l'efficacité d'un produit et de la satisfaction des clients. Par exemple, une entreprise de fitness peut présenter des témoignages de clients qui ont atteint des étapes importantes de perte de poids ou de remise en forme après avoir utilisé leur programme, inspirant confiance et encourageant les autres à essayer le service.

Les références, ou recommandations de bouche à oreille, sont une autre forme puissante de preuve sociale. Lorsque des clients satisfaits réfèrent des amis, de la famille ou des collègues à une marque particulière, cela renforce la conviction que le produit ou le service est fiable et mérite d'être essayé. Les références créent un sentiment de confiance, car les individus sont plus susceptibles de faire confiance aux recommandations de personnes qu'ils connaissent et en qui ils ont confiance. La mise en œuvre de programmes de parrainage, l'offre d'incitations pour les parrainages réussis ou simplement l'encouragement des clients satisfaits à passer le mot peuvent augmenter la visibilité de la marque et attirer de nouveaux clients. Par exemple, une entreprise de covoiturage peut offrir des crédits de trajet aux clients qui réfèrent de nouveaux passagers à la plate-forme, incitant à la fois le parrain et le nouvel utilisateur.

Les avis en ligne sont un aspect essentiel de la preuve sociale à l'ère numérique. Les avis positifs sur des plateformes comme Google, Yelp ou Amazon peuvent avoir un impact significatif sur les décisions d'achat. D'un autre côté, les avis négatifs peuvent dissuader les acheteurs potentiels. Répondre aux avis, en particulier les avis négatifs, avec empathie et un engagement à répondre aux préoccupations peut démontrer le dévouement d'une marque à la satisfaction du client et mettre en valeur la réactivité de l'entreprise. De plus, traiter et résoudre de manière transparente les commentaires négatifs peut même transformer des clients insatisfaits en défenseurs de la marque.

Les études de cas sont des récits approfondis qui décrivent comment un produit ou un service a eu un impact positif sur un client ou une organisation spécifique. Les études de cas fournissent une vue complète du parcours d'un client, mettant en évidence les défis auxquels il a été confronté, les solutions apportées par la marque et les résultats positifs obtenus. En présentant des résultats tangibles et des avantages mesurables, les études de cas servent de formes convaincantes de preuve sociale qui valident les affirmations et l'expertise d'une marque.

Le marketing d'influence est une forme moderne de preuve sociale qui consiste à collaborer avec des personnes qui ont un suivi ou une influence significative dans un créneau ou une industrie spécifique. Les influenceurs peuvent partager leurs expériences avec une marque ou un produit via les médias sociaux, des blogs ou des vidéos, exposant leur public à la marque et générant potentiellement des ventes. Lorsque les abonnés voient leur influenceur préféré approuver un produit, ils sont plus susceptibles de le voir favorablement et d'envisager de l'acheter eux-mêmes.

La crédibilité et l'authenticité sont des éléments essentiels d'une preuve sociale efficace. Les marques doivent s'efforcer de présenter des témoignages, des références, des critiques et des études de cas authentiques qui reflètent les expériences réelles des clients. Une preuve sociale faussement fabriquée ou trop médiatisée peut se retourner contre vous et nuire à la réputation d'une marque. La transparence est essentielle et les clients apprécient l'authenticité dans le marketing de preuve sociale.

b. Le principe de rareté : créer de l'urgence pour augmenter les ventes

Le principe de rareté est un phénomène psychologique puissant qui exploite la peur de passer à côté (FOMO) pour influencer le comportement des consommateurs et augmenter les ventes. Enraciné dans la psychologie humaine, le principe de rareté suggère que les gens accordent une plus grande valeur aux opportunités, produits ou services qui sont perçus comme limités ou en pénurie. En créant un sentiment d'urgence et de rareté, les entreprises peuvent déclencher une peur de perdre, incitant les clients à prendre des mesures immédiates et à effectuer un achat.

Les offres à durée limitée sont un exemple classique du principe de rareté en action. En fixant une date limite pour une promotion ou une remise spéciale, les entreprises créent une opportunité urgente qui motive les clients à agir rapidement pour conclure la transaction. Par exemple, un magasin de détail peut proposer une "vente flash de 48 heures" avec des remises importantes sur des articles sélectionnés, encourageant les clients à effectuer un achat avant la fin de la promotion.

La rareté des produits est une autre application efficace du principe de rareté. Lorsqu'un produit est présenté comme étant disponible en quantité limitée, les clients sont plus susceptibles de le percevoir comme exclusif et désirable. Cette perception peut conduire à un sentiment d'urgence à acheter avant que l'article ne soit en rupture de stock. Par exemple, une marque de mode de luxe peut sortir une collection en édition limitée avec seulement quelques pièces disponibles, attirant une forte demande et générant un sentiment d'exclusivité.

Créer de la rareté grâce à des offres uniques ou uniques peut encore améliorer la valeur perçue d'un produit ou d'un service. Les articles sur mesure ou personnalisés qui sont adaptés aux préférences du client peuvent évoquer un sentiment d'unicité et de rareté, donnant aux clients le sentiment qu'ils acquièrent quelque chose de vraiment spécial et rare.

Le principe de rareté prévaut également dans le domaine du marketing événementiel. En limitant le nombre de places ou de billets disponibles pour un événement, les organisateurs peuvent augmenter la demande et encourager les réservations anticipées. Les événements exclusifs, tels que les dîners VIP ou les spectacles privés, capitalisent sur la rareté pour créer un sentiment de privilège et de désirabilité pour les participants.

Une autre application efficace du principe de rareté se trouve dans l'utilisation de versions en édition limitée. En introduisant des produits ou des collections en éditions limitées, les entreprises peuvent stimuler la demande et favoriser un sentiment d'urgence chez les clients. Les collectionneurs, les passionnés et les fans fidèles sont particulièrement attirés par les éditions limitées, car posséder ces articles donne un sentiment d'unicité et de statut.

Le principe de rareté peut également être appliqué dans le domaine numérique, en particulier dans le commerce électronique et la vente en ligne. Des techniques telles que les comptes à rebours pour les offres à durée limitée, l'affichage de notifications "stock faible" ou l'indication du nombre d'articles vendus peuvent créer un sentiment d'urgence et encourager une prise de décision rapide. Les détaillants en ligne utilisent souvent des expressions telles que "dernière chance" ou "dépêchez-vous, vendez vite" pour communiquer la rareté et stimuler les ventes.

Cependant, il est crucial pour les entreprises d'appliquer le principe de rareté de manière éthique et transparente. Créer une rareté artificielle ou utiliser des tactiques trompeuses peut éroder la confiance et la crédibilité auprès des clients. La rareté perçue doit être réelle et les entreprises doivent s'assurer que les clients reçoivent des informations précises et véridiques sur la disponibilité des produits.

c. Réciprocité : donner pour obtenir des ventes

La réciprocité est un principe fondamental de la psychologie sociale qui régit les interactions humaines, y compris dans le domaine de la vente. C'est le concept de donner aux autres avec l'espoir qu'ils rendront la pareille en nature.

Dans le contexte des ventes, la réciprocité implique d'offrir quelque chose de valeur aux clients potentiels, avec l'anticipation qu'ils se sentiront obligés de rendre la pareille en effectuant un achat ou en prenant une action souhaitée. Ce principe est un outil puissant que les professionnels de la vente peuvent exploiter pour établir des relations, favoriser la confiance et, en fin de compte, stimuler les ventes.

L'une des façons dont la réciprocité se manifeste dans les ventes est la fourniture d'échantillons gratuits, d'essais ou de contenu précieux aux clients potentiels. En offrant quelque chose de valeur sans attente de retour immédiat, les vendeurs créent un sentiment d'endettement chez le client. Par exemple, un éditeur de logiciels peut proposer un essai gratuit de son produit, permettant aux clients de découvrir ses fonctionnalités et ses avantages avant de s'engager dans un achat. Cet acte de donner ouvre la voie à une réponse réciproque de la part du client.

De plus, les professionnels de la vente peuvent utiliser le principe de réciprocité dans leurs interactions avec les clients. Fournir des informations précieuses, des recommandations personnalisées ou un service client exceptionnel peuvent tous être des actes de don qui engendrent un sentiment d'appréciation et de bonne volonté chez le client. Lorsque les clients estiment que le vendeur a véritablement à cœur leurs meilleurs intérêts, ils sont plus susceptibles de rendre la pareille en s'engageant davantage dans le processus de vente ou en effectuant un achat.

Le principe de réciprocité est également évident dans la pratique des cadeaux dans les relations commerciales et commerciales. L'envoi de cadeaux attentionnés à des clients potentiels ou à des clients existants peut être un moyen d'exprimer sa gratitude et de renforcer la connexion. Par exemple, une entreprise peut envoyer des cadeaux personnalisés à ses meilleurs clients pendant la saison des fêtes en signe d'appréciation pour leur partenariat continu. Cet acte de donner favorise un sentiment positif et encourage les clients à rendre la pareille en restant fidèles à la marque.

De plus, le marketing de contenu est une stratégie efficace qui tire parti de la réciprocité pour attirer et engager les clients. En proposant un contenu précieux et informatif, tel que des articles de blog, des livres électroniques ou des vidéos éducatives, les entreprises peuvent apporter de la valeur à leur public dès le départ. Cet acte de don renforce la confiance et positionne la marque comme une autorité dans son secteur. En retour, les clients peuvent rendre la pareille en consommant plus de contenu, en le partageant avec d'autres ou en tenant compte de la marque lorsqu'ils prennent des décisions d'achat.

À l'ère numérique, la réciprocité est également évidente sous la forme d'aimants principaux et d'incitations à l'adhésion. Les entreprises offrent souvent des ressources précieuses, telles que des guides exclusifs ou l'accès à des webinaires, en échange des coordonnées des clients. Cet acte de donner crée un sentiment d'obligation chez les clients de rendre la pareille en s'engageant avec le contenu et les offres de la marque.

Cependant, il est essentiel que les entreprises pratiquent la réciprocité avec une intention et une authenticité réelles. Le principe de réciprocité perd de son efficacité si les clients le perçoivent comme manipulateur ou peu sincère. Les professionnels de la vente doivent se concentrer sur la fourniture de valeur sans attente et chercher véritablement à aider et à répondre aux besoins des clients.

Chapitre 4 : Maîtriser la tarification et la négociation

a. Ancrage et cadrage : stratégies de tarification pour un impact maximal

L'ancrage et le cadrage sont deux stratégies de tarification puissantes ancrées dans l'économie comportementale qui influencent les perceptions et la prise de décision des consommateurs. Ces techniques jouent un rôle important dans la tarification des produits ou des services afin d'obtenir un impact maximal et d'encourager un comportement d'achat favorable. Comprendre les principes d'ancrage et de cadrage permet aux entreprises de fixer efficacement des prix qui résonnent auprès des consommateurs et stimulent les ventes.

L'ancrage est un biais cognitif dans lequel les individus s'appuient fortement sur la première information qu'ils reçoivent lorsqu'ils prennent des décisions. Dans le contexte de la tarification, l'ancrage consiste à présenter une option ou un point de référence à prix plus élevé pour encadrer les prix ultérieurs comme plus favorables. Par exemple, un détaillant peut initialement afficher un produit haut de gamme avec un prix plus élevé, le positionnant comme point d'ancrage. Les produits ultérieurs avec des prix inférieurs sont alors perçus comme offrant une meilleure valeur par rapport à l'ancre, même s'ils ont pu être considérés comme chers s'ils étaient présentés sans le point de référence initial.

Le cadrage, quant à lui, consiste à présenter les informations de différentes manières pour influencer les perceptions des consommateurs. Dans la tarification, le cadrage peut être appliqué en mettant l'accent soit sur le gain potentiel, soit sur la perte potentielle associée à une décision d'achat. Par exemple, une entreprise peut proposer un produit avec une remise de 20 % (gain-framed) ou présenter le même produit avec un supplément de 20 % pour les commandes en retard (loss-framed). La tarification basée sur les gains met en évidence l'argent économisé, tandis que la tarification basée sur les pertes met l'accent sur la pénalité potentielle pour une action retardée. Le cadrage a un impact sur les décisions des consommateurs en fonction de leur aversion perçue pour le risque ou de leur désir de gain.

La combinaison de l'ancrage et du cadrage peut créer de puissantes stratégies de tarification. L'effet leurre est un exemple de cette synergie. En introduisant une troisième option qui est délibérément moins attrayante et dont le prix est similaire à l'option la plus chère (ancre), l'option intermédiaire (le produit cible) est présentée comme la meilleure proposition de valeur. Cette technique capitalise sur la tendance des consommateurs à comparer les options par rapport à l'ancre et à opter pour le choix le plus favorable.

La tarification par abonnement est une autre application de l'ancrage et du cadrage. L'offre de plusieurs niveaux d'abonnement avec des fonctionnalités et des prix variables permet aux entreprises d'ancrer les clients au niveau le plus cher, le positionnant comme l'option premium. L'abonnement de niveau intermédiaire, présenté comme offrant le meilleur rapport qualité-prix pour ses fonctionnalités, devient alors plus attrayant. Cette stratégie s'appuie à la fois sur l'ancrage et le cadrage pour diriger les consommateurs vers le niveau d'abonnement ciblé.

La tarification dynamique est une stratégie de tarification flexible qui s'adapte en fonction de divers facteurs tels que la demande, le temps ou le comportement du client. En fixant des prix initiaux plus élevés pendant les périodes de demande de pointe ou de pénurie et en réduisant progressivement les prix au fil du temps, les entreprises peuvent ancrer les consommateurs sur le prix initial plus élevé. Au fur et à mesure que le temps passe ou que la demande diminue, les prix plus bas sont présentés comme des remises ou des offres, motivant les consommateurs à profiter des économies perçues.

Cependant, il est important que les entreprises utilisent l'ancrage et le cadrage de manière éthique et transparente. Les pratiques de tarification manipulatrices ou trompeuses peuvent éroder la confiance et nuire à la réputation d'une marque. Les consommateurs doivent recevoir des informations précises et claires sur les prix pour prendre des décisions éclairées.

b. L'art de la négociation : des techniques gagnant-gagnant

La négociation est un aspect complexe et essentiel des interactions commerciales, nécessitant une navigation habile entre des intérêts et des objectifs conflictuels pour parvenir à des accords mutuellement bénéfiques. L'art de la négociation consiste à utiliser des techniques gagnant-gagnant qui privilégient la collaboration, l'empathie et la résolution créative de problèmes pour obtenir des résultats optimaux pour toutes les parties impliquées. Les négociateurs qui réussissent comprennent l'importance d'établir des relations, d'écouter activement et de trouver un terrain d'entente pour favoriser un dialogue constructif et cultiver des solutions gagnant-gagnant.

Établir un rapport et construire une relation positive avec l'autre partie est une étape fondamentale dans l'art de la négociation. En créant un sentiment de confiance et de compréhension, les négociateurs peuvent faciliter une communication ouverte et jeter les bases d'une résolution constructive des problèmes. Démontrer un véritable intérêt pour les besoins, les préoccupations et les aspirations de l'autre partie donne un ton collaboratif et favorise un environnement de négociation coopératif.

L'écoute active est une compétence essentielle dans la négociation qui permet aux négociateurs de vraiment comprendre les intérêts, les priorités et les motivations sous-jacentes de l'autre partie. En écoutant attentivement les préoccupations et les besoins de l'autre partie, les négociateurs peuvent identifier les domaines d'accord potentiels et explorer des solutions créatives qui répondent aux intérêts des deux parties. Par exemple, lors d'une négociation salariale, un responsable du recrutement peut écouter activement les objectifs et les attentes de carrière du candidat, ce qui lui permet de structurer un package de rémunération qui correspond aux aspirations du candidat et respecte les contraintes budgétaires de l'entreprise.

Les négociateurs gagnant-gagnant se concentrent sur les intérêts plutôt que sur les positions. Alors que les positions peuvent être les demandes explicites de chaque partie, les intérêts sont les besoins et les désirs sous-jacents qui motivent ces positions. En découvrant et en traitant les intérêts, les négociateurs peuvent souvent trouver des solutions mutuellement avantageuses qui répondent aux besoins fondamentaux des deux parties. Par exemple, dans une négociation de partenariat commercial, une partie peut insister sur une part de revenus plus élevée, tandis que l'autre partie cherche à avoir plus de contrôle sur la prise de décision. En comprenant les intérêts derrière ces positions, ils peuvent découvrir qu'une partie valorise la rentabilité tandis que l'autre valorise l'autonomie. Une solution gagnant-gagnant peut impliquer un modèle de partage des revenus qui s'aligne sur les intérêts des deux parties et favorise la collaboration.

La créativité et le brainstorming jouent un rôle central dans la négociation gagnant-gagnant. L'exploration de diverses alternatives et de solutions non conventionnelles peut souvent conduire à des percées et à des résultats gagnant-gagnant qui n'étaient pas apparents au départ. En encourageant un échange ouvert d'idées et en sortant des sentiers battus, les négociateurs peuvent arriver à des solutions innovantes qui satisfont les objectifs des deux parties. Cette approche est particulièrement utile lorsqu'il s'agit de négociations complexes ou multidimensionnelles.

Dans les négociations gagnant-gagnant, se concentrer sur la relation à long terme est essentiel. Donner la priorité aux gains à court terme au détriment des intérêts de l'autre partie peut conduire à l'animosité et nuire à la relation, rendant la collaboration future difficile. Les négociateurs qui réussissent reconnaissent que le maintien d'une relation positive et collaborative favorise la confiance et peut conduire à de futures opportunités d'avantages mutuels.

L'utilisation de critères objectifs est un élément clé de la négociation gagnant-gagnant. Lorsque les deux parties conviennent de normes justes et impartiales pour évaluer les mérites de l'accord proposé, cela crée des conditions équitables et évite les jugements biaisés. Les critères objectifs peuvent inclure des données de marché, des références de l'industrie ou des précédents historiques, garantissant que l'accord final est basé sur des facteurs objectifs plutôt que sur des préférences subjectives.

Chapitre 5 : Créer des présentations de vente convaincantes

a. La narration pour le succès des ventes : la connexion émotionnelle

La narration est un outil puissant que les professionnels de la vente peuvent utiliser pour créer un lien émotionnel profond avec des clients potentiels et favoriser le succès des ventes. Les êtres humains sont intrinsèquement attirés par les histoires, et une narration efficace dans les ventes tire parti de cette inclination innée à engager, captiver et persuader. En élaborant des récits qui résonnent avec les émotions et les expériences des clients, les vendeurs peuvent forger un lien significatif, évoquer l'empathie et inspirer l'action.

La connexion émotionnelle obtenue grâce à la narration permet aux professionnels de la vente d'aller au-delà des simples caractéristiques et avantages du produit et de puiser dans les aspirations, les désirs et les points faibles du client. En racontant des histoires qui démontrent comment un produit ou un service a eu un impact positif sur la vie de vraies personnes, les vendeurs peuvent communiquer la valeur et la pertinence de l'offre d'une manière qui se connecte à un niveau personnel. Par exemple, un vendeur vendant des systèmes de sécurité à domicile peut partager l'histoire d'une famille dont la vie a été transformée après l'installation du système, soulignant la tranquillité d'esprit et le sentiment de sécurité qu'ils ont acquis.

La relatabilité est un aspect clé d'une narration efficace dans les ventes. Les clients sont plus susceptibles de se connecter avec des récits qui reflètent leurs propres expériences et défis. Les professionnels de la vente peuvent utiliser des histoires qui reflètent la situation du client ou les problèmes auxquels il est confronté, démontrant de l'empathie et de la compréhension. Cette approche aide les clients à imaginer comment le produit ou le service peut répondre à leurs besoins uniques. Par exemple, un vendeur dans l'industrie du fitness peut partager l'histoire d'un client qui a surmonté des problèmes de santé similaires et atteint ses objectifs de fitness grâce au programme d'entraînement de l'entreprise.

Des histoires émotionnellement captivantes peuvent susciter une réponse puissante de la part des clients, influençant leur processus de prise de décision. Lorsque les histoires évoquent des émotions positives comme la joie, l'inspiration ou l'espoir, les clients associent ces sentiments au produit ou au service. À l'inverse, les histoires qui abordent et compatissent avec les points faibles des clients peuvent créer un sentiment d'urgence et le désir d'une solution. En tirant parti de l'impact émotionnel des histoires, les professionnels de la vente peuvent motiver les clients à passer à l'action et à effectuer un achat.

L'authenticité est primordiale dans la narration pour le succès des ventes. Les clients peuvent discerner des récits hypocrites ou trop scénarisés, ce qui peut conduire à la méfiance. Les vendeurs doivent partager des histoires authentiques ancrées dans la vérité et l'authenticité. Les clients sont plus susceptibles de réagir aux histoires qui se sentent authentiques et crédibles, renforçant ainsi la confiance dans le vendeur et la marque.

La narration visuelle est un moyen puissant d'améliorer le lien émotionnel dans les ventes. L'incorporation d'images, de vidéos ou d'éléments multimédias dans le processus de narration peut rendre le récit plus vivant et percutant. La narration visuelle peut transporter les clients dans le monde de l'histoire, leur permettant de mieux comprendre les expériences et les émotions véhiculées. Par exemple, un agent immobilier peut utiliser des visites virtuelles ou des photographies de haute qualité pour présenter une propriété et évoquer des émotions liées au rêve de posséder une belle maison.

La continuité et la cohérence sont des éléments essentiels de la narration pour le succès des ventes. Les professionnels de la vente doivent s'assurer que le récit correspond à l'identité et aux valeurs de la marque. La cohérence dans la narration aide à renforcer le message et le positionnement de la marque, en créant un récit cohérent et reconnaissable qui trouve un écho auprès des clients.

b. Utiliser des éléments visuels : Engager les sens

Dans le domaine du marketing et des ventes, tirer parti des visuels et du multimédia est devenu une stratégie cruciale pour éveiller les sens des consommateurs et laisser un impact durable. Le cerveau humain est câblé pour traiter les informations visuelles plus efficacement que le texte, faisant des visuels un outil puissant pour transmettre des messages, évoquer des émotions et favoriser des liens plus profonds avec le public. En incorporant une variété d'éléments multimédias tels que des images, des vidéos, des infographies et du contenu interactif, les entreprises peuvent créer des expériences immersives et engageantes qui captivent et résonnent auprès des clients.

Les visuels ont le pouvoir unique de communiquer des idées et des concepts complexes de manière concise et accessible. Les infographies, par exemple, peuvent présenter des données, des statistiques ou des processus dans un format visuellement attrayant et facile à digérer. En combinant des images, des graphiques et de courts extraits de texte, les infographies transmettent des informations plus efficacement que de longs paragraphes. Par exemple, une entreprise technologique peut utiliser une infographie pour illustrer les avantages et les fonctionnalités de son dernier produit, en mettant en valeur ses fonctionnalités et sa convivialité.

L'utilisation d'images dans le marketing et les ventes peut évoquer des émotions et façonner la perception de la marque. Des photographies ou des illustrations de haute qualité qui correspondent à l'identité et aux valeurs d'une marque peuvent évoquer des sentiments positifs et aider les clients à former une impression favorable. Par exemple, une agence de voyages peut utiliser de superbes images de destinations pittoresques pour évoquer un sentiment d'envie de voyager et inspirer les voyageurs potentiels à réserver des vacances.

Les vidéos sont un outil multimédia polyvalent qui peut fournir un contenu attrayant et dynamique. Que ce soit sous la forme de démonstrations de produits, de témoignages de clients ou de récits de marque, les vidéos peuvent créer un lien émotionnel avec le public et améliorer la mémorisation de la marque. Une vidéo sincère mettant en scène de vrais clients partageant leurs expériences avec une marque peut favoriser l'authenticité et la confiance, encourageant les autres à s'engager avec la marque.

Le contenu interactif fait passer l'engagement au niveau supérieur, permettant aux clients de participer activement et d'interagir avec le matériel. Les quiz, les sondages, les infographies interactives et les expériences de réalité virtuelle sont des exemples de multimédia interactif qui captivent et retiennent l'attention du public. Le contenu interactif non seulement divertit, mais éduque et informe également, ce qui en fait un outil puissant pour le transfert de connaissances et la notoriété de la marque.

Les technologies de réalité augmentée (AR) et de réalité virtuelle (VR) offrent des moyens innovants d'éveiller les sens des consommateurs et de créer des expériences immersives. Par exemple, les détaillants peuvent utiliser la RA pour permettre aux clients d'"essayer" des produits virtuels avant d'effectuer un achat, améliorant ainsi l'expérience d'achat en ligne. La réalité virtuelle peut transporter les clients vers des salles d'exposition virtuelles ou des destinations de voyage, leur permettant d'explorer et d'expérimenter des produits et services d'une manière entièrement nouvelle.

L'utilisation des visuels et du multimédia dans le marketing et les ventes est particulièrement efficace dans le paysage numérique. Les plateformes de médias sociaux, les sites Web et les applications mobiles offrent de nombreuses possibilités d'intégrer des visuels attrayants et du contenu interactif. En adaptant le contenu aux préférences et aux comportements des publics cibles sur différentes plateformes, les entreprises peuvent optimiser l'engagement et atteindre un public plus large.

Cependant, il est essentiel de trouver un équilibre et de s'assurer que les visuels et le multimédia correspondent au message et aux objectifs de la marque. La surcharge de contenu avec des éléments visuels excessifs peut détourner l'attention du message principal ou donner l'impression d'être désorganisé. L'utilisation efficace des visuels nécessite une conservation réfléchie et une compréhension claire des préférences et des besoins du public cible.

Chapitre 6 : Utiliser les déclencheurs psychologiques en marketing

a. Créer des campagnes marketing convaincantes : la science de l'attention

Créer des campagnes marketing convaincantes : la science de l'attention

Dans le paysage commercial concurrentiel d'aujourd'hui, capter l'attention des consommateurs est un défi important pour les spécialistes du marketing. Des campagnes marketing efficaces nécessitent une compréhension approfondie de la science de l'attention - les processus cognitifs qui régissent la façon dont les individus perçoivent, traitent et réagissent aux stimuli marketing. En tirant parti des principes psychologiques, de l'analyse des données et des stratégies créatives, les spécialistes du marketing peuvent créer des campagnes convaincantes qui réduisent l'encombrement et engagent les publics cibles.

La première étape dans la création de campagnes marketing convaincantes consiste à comprendre la capacité limitée de l'attention humaine. Avec l'abondance d'informations et de messages publicitaires qui bombardent quotidiennement les consommateurs, l'attention est devenue une ressource rare. Les spécialistes du marketing doivent être stratégiques pour attirer rapidement l'attention et la maintenir tout au long de la campagne. La création de titres, de visuels ou de vidéos accrocheurs peut être cruciale dans les premières étapes de la capture de l'intérêt du public.

L'émotion est un puissant moteur d'attention. Des études ont montré qu'un contenu chargé d'émotion, qu'il soit positif ou négatif, est plus susceptible de capter et de retenir l'attention. En faisant appel aux émotions des consommateurs, les campagnes marketing peuvent forger une connexion plus profonde avec le public. Par exemple, une campagne caritative qui raconte une histoire réconfortante sur la façon dont les dons ont eu un impact positif sur des vies est plus susceptible de trouver un écho auprès des donateurs potentiels qu'une présentation purement factuelle de statistiques.

Les éléments visuels jouent un rôle central pour capter l'attention dans les campagnes marketing. Le cerveau traite les informations visuelles plus rapidement et plus efficacement que le texte. Des graphismes accrocheurs, des couleurs vives et des mises en page bien conçues peuvent attirer l'attention du public sur le message clé. Les infographies, en particulier, sont un moyen efficace de présenter des informations complexes dans un format visuellement attrayant et facile à comprendre.

La personnalisation est un outil précieux dans la science de l'attention. Adapter les messages marketing aux préférences, besoins et comportements individuels peut augmenter considérablement la probabilité de capter et de retenir l'attention. Les campagnes par e-mail personnalisées qui s'adressent aux destinataires par leur nom et recommandent des produits en fonction d'achats antérieurs sont plus susceptibles de se démarquer dans une boîte de réception encombrée et de susciter une réponse.

Incorporer la nouveauté et la surprise peut être une technique efficace pour attirer l'attention. Le cerveau humain est câblé pour rechercher des expériences nouvelles et inattendues. Les spécialistes du marketing peuvent en tirer parti en introduisant des idées nouvelles et innovantes ou en présentant des produits et services d'une manière unique qui pique la curiosité. Par exemple, un lancement de produit avec un événement créatif et inattendu peut générer du buzz et capter l'attention des médias.

La science de l'attention souligne également l'importance de la pertinence. Les campagnes de marketing qui correspondent aux intérêts, aux besoins et aux aspirations des consommateurs sont plus susceptibles de trouver un écho auprès du public cible. La réalisation d'études de marché approfondies et la compréhension des données démographiques et des préférences du marché cible peuvent éclairer la création de campagnes hautement pertinentes et convaincantes.

L'analyse et le suivi des données jouent un rôle crucial dans l'optimisation des campagnes marketing pour attirer l'attention. En analysant les données sur le comportement des consommateurs, les mesures d'engagement et les taux de réponse, les spécialistes du marketing peuvent identifier les aspects de leurs campagnes qui captent et retiennent efficacement l'attention. Les tests A/B, par exemple, permettent aux spécialistes du marketing de comparer différentes versions d'une campagne pour déterminer quels éléments attirent le plus l'attention et sont les plus efficaces.

b. Image de marque émotionnelle : forger des liens solides avec les clients

Le branding émotionnel est une stratégie marketing qui cherche à créer des liens puissants et durables entre une marque et ses clients en faisant appel à leurs émotions et à leurs valeurs. Plutôt que de se concentrer uniquement sur les caractéristiques et les avantages du produit, l'image de marque émotionnelle va au-delà des considérations rationnelles pour puiser dans les aspirations, les désirs et les croyances plus profonds des consommateurs. En évoquant des émotions positives et en créant des expériences significatives, les marques peuvent renforcer la fidélité, la confiance et le sentiment d'appartenance de leurs clients.

L'un des éléments clés de l'image de marque émotionnelle est la narration. Les marques qui utilisent efficacement la narration peuvent communiquer leurs valeurs et leur personnalité de manière convaincante et pertinente. En partageant des histoires qui résonnent avec les émotions du public, telles que des histoires de persévérance, d'espoir ou de triomphe, les marques peuvent créer un lien émotionnel qui va au-delà de la nature transactionnelle de la relation client-marque. Par exemple, la campagne "Just Do It" de Nike a utilisé avec succès la narration pour inspirer et motiver son public, associant la marque aux thèmes de la détermination et de la réussite.

Un autre aspect important de l'image de marque émotionnelle est l'authenticité. Les clients sont plus susceptibles de nouer des liens émotionnels forts avec des marques qui font preuve de sincérité et d'authenticité dans leurs actions et leurs communications. L'authenticité renforce la confiance et les clients sont plus enclins à être fidèles aux marques qu'ils perçoivent comme étant honnêtes et transparentes. Par exemple, l'engagement de Patagonia envers la durabilité environnementale et la responsabilité sociale a trouvé un écho auprès de son public, favorisant un lien émotionnel fort avec des clients qui partagent des valeurs similaires.

La cohérence est essentielle dans le branding émotionnel. Les marques qui tiennent constamment leurs promesses et maintiennent une identité et un message de marque cohérents sont plus susceptibles de renforcer la confiance et la fidélité de leurs clients. Une image de marque incohérente peut prêter à confusion et affaiblir le lien émotionnel entre la marque et son public. Une marque qui offre constamment une expérience positive et émotionnellement résonnante à chaque point de contact renforce son identité et ses valeurs, améliorant ainsi la fidélité des clients.

L'image de marque émotionnelle implique également de puiser dans l'identité et les aspirations des clients. Les marques qui s'alignent sur les valeurs et les aspirations de leurs clients peuvent créer un sentiment d'identification et d'affiliation. En positionnant la marque comme le reflet de l'image de soi souhaitée par les clients, la stratégie de marque émotionnelle favorise une connexion émotionnelle plus profonde. Par exemple, les marques de luxe comme Rolex ou BMW évoquent souvent un sentiment de prestige et de succès, attirant les clients qui aspirent à un statut social plus élevé.

La création d'expériences mémorables et chargées d'émotion est un outil puissant dans l'image de marque émotionnelle. Les marques qui créent des expériences client uniques et agréables laissent une impression durable et génèrent des associations positives avec leur marque. Que ce soit grâce à un service client exceptionnel, des interactions personnalisées ou des événements immersifs, les marques peuvent évoquer des émotions positives qui contribuent à un lien émotionnel plus profond avec leur public.

La responsabilité sociale et les initiatives axées sur les objectifs sont de plus en plus pertinentes dans l'image de marque émotionnelle. Les marques qui prennent position sur les questions sociales et démontrent leur engagement à avoir un impact positif sur la société peuvent susciter un sentiment d'admiration et d'alignement avec les clients qui partagent des valeurs similaires. Par exemple, les marques qui soutiennent des causes caritatives ou qui défendent la durabilité attirent les consommateurs qui accordent la priorité à la responsabilité sociale des entreprises.

Chapitre 7 : Surmonter les difficultés de vente et les refus

a. Développer la résilience : gérer les revers de vente

Dans le monde concurrentiel des ventes, les revers et les défis sont inévitables. Les professionnels de la vente sont souvent confrontés au rejet, aux opportunités manquées et aux obstacles inattendus qui peuvent miner leur motivation et leur confiance. Développer la résilience est crucial pour le succès des ventes, car cela donne aux individus la force mentale et la capacité d'adaptation nécessaires pour rebondir après les revers, apprendre des échecs et maintenir une attitude positive. La résilience permet aux vendeurs de persévérer face à l'adversité, de maintenir leur productivité et de poursuivre leurs efforts pour réussir.

La résilience des ventes commence par cultiver un état d'esprit de croissance. Adopter la conviction que les compétences et les capacités peuvent être développées par l'effort et l'apprentissage, plutôt que d'être des traits fixes, permet aux professionnels de la vente de considérer les revers comme des opportunités de croissance et d'amélioration. Au lieu d'être découragés par une affaire perdue ou une interaction client difficile, les personnes ayant une mentalité de croissance sont plus susceptibles de voir ces expériences comme des opportunités d'apprendre, d'affiner leur approche et de devenir meilleures dans leur métier.

Les environnements favorables et le mentorat jouent un rôle essentiel dans la promotion de la résilience. Les équipes de vente qui promeuvent une culture de camaraderie, de collaboration et de commentaires constructifs offrent un filet de sécurité aux personnes confrontées à des revers. Le mentorat de collègues ou de dirigeants expérimentés peut offrir des conseils et des idées précieux, aidant les vendeurs à relever les défis et à renforcer leur résilience. De plus, les organisations qui accordent la priorité au bien-être et à la santé mentale des employés créent un environnement où les individus se sentent soutenus et encouragés à gérer efficacement les revers.

Fixer des objectifs réalistes est essentiel pour renforcer la résilience des ventes. Des objectifs ambitieux mais réalisables donnent aux professionnels de la vente un sens du but et de l'orientation, les motivant à persévérer malgré les revers. Lorsque les objectifs sont trop élevés ou irréalistes, les vendeurs peuvent se sentir dépassés et démotivés s'ils subissent des revers. La décomposition d'objectifs plus importants en étapes plus petites et gérables permet un sentiment de progrès et d'accomplissement, même face à des revers temporaires.

La capacité à gérer le stress est un aspect essentiel de la résilience. La vente peut être une profession à haute pression et les revers peuvent entraîner une augmentation du niveau de stress. Les personnes résilientes maîtrisent les techniques de gestion du stress telles que la pleine conscience, la respiration profonde ou l'exercice physique. Le développement de ces stratégies d'adaptation permet aux professionnels de la vente de rester concentrés et calmes pendant les périodes difficiles, évitant ainsi que les revers n'affectent leur performance globale.

L'adaptabilité est un trait clé des vendeurs résilients. Le paysage des ventes évolue constamment et ce qui a fonctionné dans le passé peut ne pas être efficace à l'avenir. Les individus résilients acceptent le changement et cherchent de manière proactive à adapter leurs stratégies et leurs approches pour relever de nouveaux défis. Être ouvert à essayer de nouvelles techniques de vente ou explorer différents marchés cibles peut conduire à de nouvelles opportunités et percées après avoir connu des revers.

Apprendre des échecs est un élément fondamental de la résilience dans les ventes. Plutôt que de s'attarder sur les erreurs ou les revers, les professionnels de la vente résilients analysent objectivement la situation pour identifier les domaines à améliorer. Comprendre ce qui n'a pas fonctionné et comment éviter des pièges similaires à l'avenir permet aux individus de grandir et d'évoluer dans leurs pratiques de vente.

La force mentale est une caractéristique clé des vendeurs résilients. Les professionnels de la vente doivent être prêts à faire face régulièrement au rejet et aux revers, et ceux qui ont une force mentale peuvent maintenir leur concentration, leur positivité et leur détermination malgré l'adversité. Pratiquer un discours intérieur positif, recadrer les expériences négatives et maintenir un fort sentiment de confiance en soi peut contribuer à la force mentale et à la résilience face aux revers.

b. Stratégies d'adaptation psychologique : transformer le non en oui

Dans le monde difficile de la vente, entendre « non » de la part de clients potentiels fait inévitablement partie du processus. Cependant, les professionnels de la vente qualifiés peuvent utiliser des stratégies d'adaptation psychologiques pour gérer efficacement le rejet et même transformer un « non » en « oui ». Ces mécanismes d'adaptation permettent aux vendeurs de maintenir leur motivation, de rester résilients et de continuer à rechercher des opportunités malgré les revers.

Une stratégie d'adaptation psychologique consiste à recadrer le rejet. Au lieu de considérer un "non" comme un échec personnel, les vendeurs résilients l'interprètent comme une opportunité de croissance et d'amélioration. Ils reconnaissent que le rejet est une partie naturelle du processus de vente et l'utilisent comme une chance d'apprendre de l'expérience. En recadrant le « non » comme une étape vers un « oui » réussi, les professionnels de la vente peuvent conserver une attitude positive et empêcher le découragement d'affecter leur performance.

Une autre stratégie d'adaptation est l'écoute empathique et la compréhension du point de vue du client. Face à un refus, les vendeurs qui réussissent cherchent à comprendre les raisons du refus. En écoutant activement les préoccupations et les objections du client, les professionnels de la vente peuvent identifier les domaines potentiels d'amélioration ou corriger les idées fausses. L'empathie permet aux vendeurs de répondre au rejet avec une approche réfléchie et prévenante, augmentant la probabilité de renverser la situation et d'assurer une future réponse positive.

La visualisation est une puissante technique d'adaptation psychologique qui peut aider les professionnels de la vente à surmonter le rejet. En visualisant les résultats positifs et en s'imaginant naviguer efficacement dans des situations de vente difficiles, les vendeurs peuvent renforcer la confiance et l'auto-efficacité. Les techniques de visualisation aident les professionnels de la vente à développer un état d'esprit positif et gagnant, leur permettant d'aborder les interactions de vente ultérieures avec une détermination et un optimisme renouvelés.

Maintenir un sentiment de confiance en soi est essentiel pour faire face au rejet dans les ventes. Les vendeurs résilients ont confiance en leurs capacités et croient en la valeur des produits ou services qu'ils proposent. Cette croyance agit comme un tampon contre le rejet, permettant aux vendeurs de rester concentrés et persistants dans la poursuite des opportunités. En cultivant la confiance en soi, les professionnels de la vente peuvent aborder le "non" comme un revers temporaire plutôt qu'un échec définitif.

Une stratégie d'adaptation proactive consiste à rechercher des commentaires constructifs. Au lieu d'éviter le rejet, les vendeurs résilients recherchent activement les commentaires des clients et des collègues. Les commentaires constructifs fournissent des informations précieuses sur les domaines à améliorer et peuvent aider les vendeurs à affiner leur approche. Adopter les commentaires comme une opportunité d'apprentissage démontre un état d'esprit de croissance et améliore l'adaptabilité des professionnels de la vente.

Célébrer les petites victoires est une autre stratégie d'adaptation psychologique. Les vendeurs peuvent contrebalancer l'impact du rejet en reconnaissant et en célébrant leurs succès, même les plus mineurs. Reconnaître les réalisations, aussi petites soient-elles, favorise un sentiment de progrès et d'accomplissement. Ce renforcement positif permet aux professionnels de la vente de rester motivés et énergiques pour persister malgré des revers occasionnels.

Enfin, se concentrer sur la vision et les objectifs à long terme est un mécanisme d'adaptation efficace. Les professionnels de la vente qui ont une idée claire du but et de la direction peuvent garder le rejet en perspective et le considérer comme un tremplin vers la réalisation de leurs objectifs. Le maintien d'une perspective à long terme permet aux vendeurs de voir au-delà des rejets individuels et de maintenir leur engagement envers une vision plus large.

Chapitre 8 : Maîtriser l'art de la vente d'histoires

a. Le cadre de la vente d'histoires : structure et stratégie

Le cadre de vente d'histoires est une approche puissante et efficace utilisée dans le marketing et les ventes pour engager les clients et générer des conversions en intégrant des éléments de narration dans le processus de vente. Ce cadre exploite l'impact émotionnel de la narration pour captiver le public, communiquer la valeur des produits ou des services et créer un récit convaincant qui résonne avec les clients. En structurant les argumentaires de vente et les campagnes marketing sous forme d'histoires, les entreprises peuvent créer un lien émotionnel plus profond avec leur public cible et renforcer leur pouvoir de persuasion.

Au cœur du cadre de la vente d'histoires se trouve la structure narrative. Chaque histoire convaincante suit une structure bien définie, comprenant une introduction, un conflit ou un défi, une résolution et une conclusion. Dans le contexte de la vente, l'histoire commence par capter l'attention du public à travers une introduction captivante. Il peut s'agir d'une anecdote percutante, d'un scénario relatable ou d'une question stimulante qui accroche le public et l'attire dans le récit. Par exemple, une marque de soins de la peau peut commencer son histoire en racontant une lutte relatable avec des problèmes de peau, préparant le terrain pour la résolution qu'elle propose.

Le conflit ou le défi dans le cadre de la vente d'histoires présente le problème ou le point douloureux auquel le client est confronté. C'est le point central où le public se rend compte qu'il partage des défis ou des désirs similaires, ce qui crée un sentiment d'empathie et de connexion émotionnelle. La résolution présente ensuite le produit ou le service comme la solution au problème du client, en mettant l'accent sur ses avantages et avantages uniques. C'est à ce stade que la proposition de valeur de la marque est tissée dans le récit. Par exemple, une entreprise technologique peut présenter son logiciel comme la solution pour rationaliser les processus métier, en relevant les défis décrits dans le conflit.

Le cadre de la vente d'histoires intègre également l'attrait émotionnel comme stratégie clé. La narration émotionnelle résonne profondément chez les clients et les aide à se connecter à un niveau personnel avec la marque ou le produit. En évoquant des émotions telles que la joie, la peur, la nostalgie ou l'aspiration, les spécialistes du marketing et les professionnels de la vente peuvent influencer les perceptions des clients et les décisions d'achat. Par exemple, une organisation caritative peut utiliser des histoires réconfortantes d'individus dont la vie a été transformée par leurs programmes, inspirant des donateurs potentiels à contribuer à leur cause.

Pour maximiser l'efficacité du cadre de vente d'histoires, il est essentiel de comprendre le public cible. Adapter le récit aux intérêts, aux besoins et aux préférences du public améliore la pertinence et la pertinence de l'histoire. La réalisation d'études de marché, l'analyse des données démographiques des clients et l'identification des points faibles permettent aux entreprises de créer des histoires qui résonnent avec des segments de clientèle spécifiques.

De plus, l'authenticité est un aspect fondamental du cadre de la vente d'histoires. Les clients sont attirés par une narration authentique et honnête qui reflète l'identité et les valeurs de la marque. Faire semblant ou exagérer des éléments de l'histoire peut entraîner une perte de confiance et de crédibilité. Les clients réagissent positivement aux histoires qui démontrent l'impact réel du produit ou du service et illustrent l'engagement de la marque envers la satisfaction client.

Le cadre de vente d'histoires est adaptable à divers canaux et formats de marketing. Qu'il s'agisse d'un argumentaire de vente, d'une publicité vidéo, d'une publication sur les réseaux sociaux ou d'un article de blog, l'incorporation d'éléments de narration peut améliorer l'efficacité de la communication. Par exemple, une marque de commerce électronique peut utiliser des témoignages de clients dans ses descriptions de produits, permettant aux clients satisfaits de partager leurs réussites et leurs expériences avec le produit.

b. Créer un attrait émotionnel

L'appel émotionnel est une stratégie marketing puissante qui vise à se connecter avec les clients à un niveau émotionnel profond, en influençant leurs perceptions, leurs attitudes et leurs décisions d'achat. En puisant dans les désirs, les aspirations et les besoins des clients, les entreprises peuvent créer des expériences significatives et mémorables qui favorisent la fidélité à la marque et stimulent les ventes. Créer un attrait émotionnel implique de comprendre les moteurs psychologiques qui motivent les consommateurs et de créer des messages convaincants qui résonnent avec leurs émotions.

Un aspect clé de la création d'un attrait émotionnel consiste à identifier et à comprendre les désirs et les aspirations des clients. En effectuant des études de marché et un profilage des clients approfondis, les entreprises peuvent mieux comprendre ce qui motive leur public cible. Par exemple, une marque de mode de luxe peut découvrir que ses clients recherchent l'exclusivité, le statut et l'expression de soi, tandis qu'une entreprise de bien-être peut découvrir que ses clients recherchent la détente, l'équilibre et un bien-être amélioré. Comprendre ces désirs permet aux entreprises d'adapter leurs messages marketing en conséquence.

La narration est un outil puissant pour créer un attrait émotionnel. En tissant des récits qui évoquent des émotions telles que la joie, l'inspiration ou la nostalgie, les entreprises peuvent créer une connexion plus profonde avec leur public. Les histoires qui résonnent avec les expériences et les aspirations des clients rendent la marque plus accessible et mémorable. Par exemple, une entreprise automobile peut raconter l'histoire d'un road trip inoubliable en famille, en mettant en évidence les aspects émotionnels de l'aventure, de la convivialité et de la liberté.

Une autre approche efficace consiste à faire appel au sentiment d'identité et à l'image de soi des clients. En alignant la marque sur les valeurs des clients et sur la perception qu'ils ont d'eux-mêmes, les entreprises peuvent exploiter le désir d'expression et d'appartenance des clients. Par exemple, une marque respectueuse de l'environnement peut attirer des clients soucieux de l'environnement en se positionnant comme un symbole de mode de vie durable, permettant aux clients d'exprimer leur engagement envers la protection de l'environnement.

Créer un attrait émotionnel implique également de tirer parti de la puissance des visuels et de l'esthétique. La conception des supports marketing, des emballages et des publicités peut évoquer des émotions spécifiques et influencer la perception que les clients ont de la marque. Par exemple, des couleurs chaudes et vibrantes peuvent susciter des sentiments de bonheur et d'excitation, tandis que des visuels calmes et apaisants peuvent évoquer un sentiment de détente et de tranquillité.

Mettre l'accent sur les aspects expérientiels des produits ou services est une autre façon de créer un attrait émotionnel. Les clients recherchent souvent des expériences qui répondent à leurs désirs de plaisir, de plaisir et d'auto-indulgence. En montrant comment un produit ou un service peut créer des expériences agréables et inoubliables, les entreprises peuvent puiser dans les besoins émotionnels des clients. Par exemple, une agence de voyage peut promouvoir l'attrait émotionnel d'une expérience de vacances luxueuse et exotique, promettant aux clients une évasion onirique de leur routine quotidienne.

La personnalisation est une stratégie puissante pour créer un attrait émotionnel. Adapter les messages et les offres marketing aux préférences et aux besoins individuels crée un sentiment de reconnaissance et d'attention. Les clients se sentent valorisés lorsqu'ils reçoivent des recommandations personnalisées, des offres spéciales ou un contenu personnalisé qui correspond à leurs intérêts. La personnalisation peut créer un lien émotionnel fort et favoriser la fidélité des clients.

c. Inspirer l'action : techniques d'appel à l'action pour la vente d'histoires

Dans l'art de la vente d'histoires, l'élaboration d'un récit convaincant n'est que la moitié de la bataille ; l'action inspirante du public est le but ultime. Les techniques d'appel à l'action (CTA) sont essentielles pour motiver les clients à passer à l'étape suivante de leur parcours, qu'il s'agisse d'effectuer un achat, de s'inscrire à une newsletter ou de s'engager davantage avec la marque. Les CTA efficaces tirent parti de l'attrait émotionnel de l'histoire et fournissent des instructions claires et convaincantes pour inciter l'action souhaitée.

Un aspect essentiel d'un CTA fort est sa spécificité. Des CTA vagues ou ambigus peuvent semer la confusion et l'hésitation du public. Au lieu de cela, un langage précis et exploitable fournit des indications claires sur ce que le public doit faire ensuite. Par exemple, un CTA comme "Commencez avec notre essai gratuit de 30 jours maintenant" est plus convaincant et spécifique qu'un "En savoir plus" générique.

Créer un sentiment d'urgence est une technique CTA puissante pour la vente d'histoires. En faisant comprendre que l'opportunité ou l'offre est limitée et urgente, les entreprises peuvent inciter le public à agir immédiatement. L'urgence exploite la peur des clients de passer à côté et les oblige à agir rapidement. Par exemple, un CTA comme "Offre à durée limitée ! Profitez de votre réduction avant qu'elle ne soit épuisée" encourage une réponse immédiate.

Une autre technique CTA efficace consiste à utiliser des verbes d'action forts. Un langage orienté vers l'action transmet un sentiment d'énergie et d'enthousiasme, motivant le public à s'engager avec le CTA. Des verbes comme "acheter maintenant", "réserver votre place" ou "rejoindre notre communauté" encouragent les clients à prendre des mesures décisives. L'incorporation de verbes dans le CTA permet aux entreprises d'obtenir une réponse immédiate du public.

Les CTA qui offrent de la valeur ou des avantages au public peuvent être très persuasifs. En mettant en évidence les résultats positifs de l'action souhaitée, les entreprises font appel aux désirs d'auto-amélioration ou d'épanouissement des clients. Par exemple, un CTA comme "Inscrivez-vous à notre newsletter pour un accès exclusif à des conseils d'experts et à des promotions" offre des avantages tangibles à l'audience, l'encourageant à s'inscrire.

Un CTA réussi doit également aborder les obstacles ou objections potentiels qui peuvent empêcher le public d'agir. En répondant aux préoccupations et en rassurant, les entreprises peuvent dissiper les doutes et encourager les clients à continuer. Par exemple, un CTA comme "Essayez-le sans risque - aucune carte de crédit requise" répond aux préoccupations potentielles concernant les coûts ou les engagements cachés.

Le placement et la conception des CTA peuvent avoir un impact significatif sur leur efficacité. Placer les CTA stratégiquement à la fin d'une histoire convaincante ou à des points critiques du parcours client garantit qu'ils captent l'attention du public au bon moment. De plus, l'utilisation de couleurs contrastées, de polices en gras et de boutons accrocheurs peut faire ressortir les CTA, augmentant ainsi leur visibilité et leurs taux de clics.

Un sentiment de réciprocité peut être utilisé dans les CTA pour inspirer l'action. En offrant une incitation ou une récompense précieuse pour agir, les entreprises peuvent déclencher le principe psychologique de réciprocité, où les clients se sentent obligés de rendre la pareille. Par exemple, un CTA comme "Obtenez un e-book gratuit lorsque vous vous inscrivez à notre newsletter" tire parti de la réciprocité, encourageant les clients à s'abonner.

Chapitre 9 : Comprendre les biais décisionnels

a. Biais cognitifs et ventes : donner un coup de pouce au processus de prise de décision

Les biais cognitifs sont des schémas de pensée et de perception inhérents qui peuvent influencer la prise de décision humaine de manière prévisible et souvent irrationnelle. Dans le contexte de la vente, comprendre et exploiter ces biais cognitifs peut être un outil puissant pour pousser le processus décisionnel en faveur du vendeur ou de la marque. En exploitant ces préjugés, les professionnels de la vente peuvent façonner les perceptions des clients, influencer les choix et, en fin de compte, stimuler les ventes.

Un biais cognitif répandu est le "biais d'ancrage", où les individus s'appuient fortement sur la première information qu'ils reçoivent lorsqu'ils prennent des décisions. Dans les ventes, ce biais peut être utilisé en présentant initialement une option plus chère, qui sert de point d'ancrage pour les choix ultérieurs. Les clients peuvent percevoir les options suivantes comme plus raisonnables ou abordables par rapport à l'ancre plus chère. Par exemple, un vendeur de voitures peut d'abord présenter un modèle de luxe avec toutes les cloches et sifflets, faisant apparaître le modèle de milieu de gamme à un prix plus raisonnable en comparaison.

Le "biais de rareté" est un autre biais cognitif puissant dans les ventes. Les gens ont tendance à accorder une plus grande valeur aux articles ou aux opportunités qui sont perçus comme rares ou dont la disponibilité est limitée. Les professionnels de la vente peuvent tirer parti de ce biais en mettant l'accent sur les quantités limitées ou les offres urgentes pour créer un sentiment d'urgence et encourager les clients à agir rapidement. Par exemple, un magasin de détail peut promouvoir une "vente à durée limitée" ou "jusqu'à épuisement des stocks" pour déclencher le biais de rareté et inciter les achats immédiats.

L'« effet de train en marche » est un biais cognitif où les individus ont tendance à suivre les actions ou les préférences des autres. Dans les ventes, ce biais peut être exploité en présentant des preuves sociales, telles que des témoignages de clients, des avis ou des recommandations d'influenceurs. Démontrer que d'autres ont déjà pris la décision d'acheter un produit ou un service peut influencer les clients potentiels à emboîter le pas, car ils le perçoivent comme un choix populaire et socialement accepté.

Un autre biais cognitif est «l'effet de cadrage», où la façon dont l'information est présentée peut influencer la prise de décision. Les professionnels de la vente peuvent utiliser ce biais en présentant les caractéristiques ou les avantages du produit sous un jour positif. Par exemple, au lieu de présenter un aspirateur comme "moins bruyant", il peut être présenté comme "plus silencieux", ce qui crée une perception plus favorable dans l'esprit du client.

Le «biais de récence» est un biais cognitif où les individus accordent plus de poids aux informations ou expériences récentes lors de la prise de décisions. Dans les ventes, ce biais peut être utilisé en se concentrant sur les expériences positives les plus récentes ou les commentaires des clients. Par exemple, un vendeur peut mettre en évidence des histoires de réussite ou des témoignages récents de clients pour souligner les avantages et l'efficacité du produit.

Le "biais d'aversion aux pertes" est un biais cognitif puissant qui pousse les gens à préférer fortement éviter les pertes plutôt que d'acquérir des gains. Dans les ventes, ce biais peut être résolu en proposant des essais sans risque, des garanties de remboursement ou des retours gratuits. De telles offres réduisent le risque perçu d'effectuer un achat, atténuant la crainte de perte des clients et augmentant leur probabilité d'achat.

Le «biais de confirmation» est un biais cognitif où les individus recherchent et interprètent des informations d'une manière qui confirme leurs croyances ou opinions préexistantes. Dans les ventes, les vendeurs peuvent utiliser ce biais en adaptant leurs présentations pour s'aligner sur les préférences ou les croyances existantes des clients. En renforçant les perceptions positives et les préférences des clients, les professionnels de la vente peuvent augmenter la probabilité d'une vente réussie.

b. Surmonter la paralysie de l'analyse : simplifier les choix

La paralysie analytique est un état cognitif dans lequel les individus sont submergés par l'abondance de choix et d'informations, ce qui entraîne des difficultés à prendre des décisions. Dans le domaine des ventes, ce phénomène peut entraver le processus d'achat et se traduire par des opportunités manquées. Pour remédier à la paralysie de l'analyse et faciliter la prise de décision, les professionnels de la vente peuvent utiliser des stratégies pour simplifier les choix des clients. En présentant les informations de manière concise, en fournissant des conseils clairs et en offrant des recommandations personnalisées, les entreprises peuvent permettre aux clients de prendre des décisions confiantes et efficaces.

Un moyen efficace de surmonter la paralysie de l'analyse consiste à proposer une sélection organisée de choix. Lorsque les clients se voient présenter trop d'options, la prise de décision devient difficile et ils peuvent devenir hésitants ou indécis. Au lieu de cela, fournir une gamme limitée mais bien adaptée de produits ou de services permet aux clients de se concentrer sur ce qui correspond le mieux à leurs besoins. Par exemple, une plate-forme de commerce électronique peut proposer une section "produits recommandés" basée sur l'historique de navigation du client, ce qui rend le processus de prise de décision plus gérable.

Des descriptions de produits claires et concises sont essentielles pour simplifier les choix. Les clients peuvent être submergés lorsqu'ils sont confrontés à des informations longues et techniques sur les produits. En présentant les principales caractéristiques et avantages de manière simple, les professionnels de la vente aident les clients à comprendre rapidement comment un produit répond à leurs besoins. Par exemple, une entreprise technologique peut utiliser des puces pour mettre en évidence les principales caractéristiques d'un smartphone, ce qui permet aux clients de comparer plus facilement les modèles.

Une autre stratégie consiste à hiérarchiser et à classer les choix en fonction des préférences et des besoins du client. En comprenant quels facteurs sont les plus importants pour le client, les professionnels de la vente peuvent le guider vers les options qui correspondent à ses priorités. Cette approche rationalise le processus de prise de décision et évite aux clients de se sentir submergés par des détails non pertinents. Par exemple, un agent immobilier peut interroger les acheteurs potentiels sur leurs caractéristiques et préférences indispensables pour leur présenter une liste organisée de propriétés qui répondent à leurs critères.

Les aides visuelles et les tableaux de comparaison peuvent également être des outils précieux pour simplifier les choix. En présentant les informations dans un format visuellement assimilable, les clients peuvent rapidement comprendre les différences entre les options et prendre des décisions plus éclairées. Par exemple, un détaillant d'équipements de fitness peut créer un tableau comparatif qui met en évidence les spécifications et les prix des différents tapis de course, ce qui permet aux clients de choisir plus facilement celui qui correspond à leurs besoins et à leur budget.

Limiter les points de décision est une autre technique pour contrer la paralysie de l'analyse. Les professionnels de la vente peuvent guider les clients tout au long du processus de prise de décision en posant des questions ciblées qui réduisent les choix. En divisant la décision en étapes plus petites et en traitant un aspect à la fois, les clients sont moins susceptibles de se sentir dépassés et plus susceptibles d'arriver à une décision. Par exemple, un conseiller financier peut commencer par demander à un client quels sont ses objectifs financiers à court terme, en réduisant progressivement les options de placement en fonction des réponses du client.

L'utilisation de la preuve sociale et des avis des clients peut aider à atténuer la paralysie de l'analyse en fournissant aux clients des informations supplémentaires et une validation des autres. Les témoignages positifs et les avis de clients satisfaits peuvent rassurer et instaurer la confiance, ce qui rend le processus de prise de décision plus confortable. Par exemple, un détaillant en ligne peut afficher les évaluations et les avis des clients sur les pages de produits, permettant aux acheteurs potentiels d'obtenir des informations auprès d'autres personnes qui ont acheté l'article.

CONCLUSION

En conclusion, ce livre plonge dans le monde captivant des ventes en explorant l'impact profond de la psychologie sur le comportement et la prise de décision des consommateurs. Tout au long du livre, les lecteurs ont été initiés à une multitude de stratégies et de techniques qui vont au-delà des approches de vente traditionnelles, leur permettant de forger des liens plus solides avec les clients, d'inspirer l'action et de favoriser le succès des ventes.

De la compréhension de la psychologie de l'achat et du pouvoir de persuasion à l'établissement de la confiance, en passant par la maîtrise des techniques verbales et l'exploitation des signaux non verbaux, ce livre a dévoilé une boîte à outils complète permettant aux professionnels de la vente d'exploiter les facteurs émotionnels et cognitifs qui influencent les choix des clients. L'intégration de la narration, des visuels et des campagnes de marketing a révélé comment l'image de marque émotionnelle peut créer des liens durables avec les clients, tandis que l'accent mis sur la résilience et les stratégies d'adaptation a permis aux lecteurs de gérer les revers avec détermination et adaptabilité.

De plus, l'exploration des biais cognitifs et de la prise de décision a fourni des informations précieuses pour inciter les clients à faire des choix favorables tout en surmontant la paralysie de l'analyse. En simplifiant les choix et en présentant les informations de manière accessible, les professionnels de la vente peuvent permettre aux clients de prendre des décisions efficaces et en toute confiance.

Les exemples pratiques et les études de cas réels tissés tout au long du livre ont démontré l'application réussie de ces techniques dans divers secteurs et scénarios, soulignant leur polyvalence et leur efficacité. Des grandes entreprises aux entrepreneurs individuels, les principes partagés dans ce livre peuvent être adaptés pour répondre aux besoins et objectifs uniques de tout professionnel de la vente.

Alors que nous concluons ce voyage à travers l'art de la vente, il est clair que le succès des ventes nécessite plus que la simple connaissance des caractéristiques et des avantages du produit. Cela exige une compréhension de la psychologie humaine, une capacité à se connecter avec les clients à un niveau plus profond et un engagement à offrir des expériences exceptionnelles. En adoptant les stratégies basées sur la psychologie détaillées dans ce livre, les professionnels de la vente peuvent élever leur approche de la vente, créer des relations significatives et durables avec les clients et atteindre des niveaux inégalés d'excellence commerciale. Puisse ce livre servir de ressource précieuse et d'inspiration à ceux qui cherchent à maîtriser l'art de la vente grâce à des techniques psychologiques et à élever leurs performances de vente vers de nouveaux sommets.